Edición realizada con el apoyo de

D. R. © Marien Fernández Castillo, 2025

Primera edición: noviembre de 2025

ISBN: 978-1-961722-35-4

Prefacio: Anamely Ramos González
Edición: Jorge Fernández Era
Diseño y maquetación: Yoan Rivero Olivera

Reservados todos los derechos de esta edición para
© Veril Ediciones
Chicago, IL, EE. UU.

Algunas estrellas tienen más de cinco puntas

Vengo a narrar tres días en la vida de un poeta. Con eso basta para abrir un portal en las circunstancias agobiantes que lo rodean, y a veces parece que lo cercan. Los poetas son un poco magos y también un poco malditos. Se retan con las circunstancias y le entregan, voluntariamente, una parte de lo que son, con tal de que les permitan contar la marcha inexorable de los ciclos. El poeta preferiría no crecer, pero cede si esa es la condición para poder crear. Tal vez solo simula que crece hacia arriba, cuando en realidad se desliza hacia adentro, un adentro punzante, justo como el brazo de una estrella.

Día uno

El poeta se ha despertado temprano, siempre lo hace, pero hoy más. Es su primer día de trabajo en su pequeño pueblo de campo. El pueblo más pequeño del mundo, así lo piensa. Su ansiedad no lo deja tomar café, algo que cualquier otro día sería impensable para un poeta de la tierra. Sale a la calle y el sol está apenas asomándose, el olor a lluvia le pega fuerte en el rostro. Es lo más lindo que tiene su pequeño pueblo, lo único que puede hacerlo sentir algo parecido a la pertenencia. En realidad, él pertenece más al lugar de la lluvia que a ningún otro lugar físico de este mundo.

Llovió en la madrugada, así lo piensa. Se ríe y camina más de prisa, como si ya tuviera la premonición que necesitaba. La casona a la que va parece distinta hoy, aunque la reconoce por el mismo color indefinido entre carmelita claro y crema. Su último pensamiento antes de cruzar la puerta es que solo nosotros conocemos lo que es el carmelita, nadie más.

Alrededor de ocho horas después el poeta sale de la casona. Ya no le parece distinta. Es el mismo espacio al que no pertenece. Al que no pertenecerá nunca, aunque llueva todos los días, aunque nunca le falte el café de la mañana. El poeta está solo.

Pasan los días y dentro de la casona encuentra personajes paralelos de los que se acompaña. Tienen una vida teatral, así que el poeta solo habla con ellos, desde que llega hasta que se va a su casa, hablando sin despegar los labios. Son personajes que no tienen peso específico sobre la tierra, porque están compuestos de palabras, solo de palabras y de un destino simple. Su destino es habitar la ciudad carmelita que el poeta ha creado para ellos. La ciudad de la lluvia carmelita. La ciudad de la lluvia que no cae ni para abajo ni para arriba, sino para adentro. La lluvia carmelita cae hacia adentro del pueblo más pequeño del mundo. Justo cuando toca la tierra, comienzan a germinar satélites enanos.

Día dos

"A veces creo que me persiguen. Siento lenguas de lunas malignas que pasan cerca y hombres extraños que me miran desde adentro. No estoy a salvo aquí, amiga. No deje usted de escribirme, que solo la tengo a usted para hablar, a usted y a mis propias palabras".

¿Cómo se conversa con las palabras además de a través de las palabras? Tal vez eso distinga a un poeta bueno de uno malo. Las palabras que humanan vienen a ayudarlo, y la abuela Josefina, la del poema, se sienta delante de la abuela viva y le explica que su nieto no está loco, que el problema es que su nieto está solo. Le explica, pero no habla, solo aparece, como si su poder fuera similar al de las vírgenes, su perfección. La abuela Josefina ha cruzado las grandes aguas y fundó una casa como si estuviera fundando un país. La abuela Josefina aprendió a vivir su soledad desde el recuerdo de ese poco de agua que guardó en los ojos, para enjugar sus renuncias. El último de sus nietos es este poeta que en realidad es su espejo. A él, que quiere regalarle el agua que cruzó, se la manda en la lluvia de vez en vez, para que no pierda la única fe que le queda, su propio reino de palabras.

La abuela Josefina viene con la liebre plateada en una mano y la tacita del café en la otra. Aparece y mira la cruda realidad fijamente. Eso es suficiente para que la realidad también ceda; apriete, pero no ahogue. ¿Será que la abuela Josefina es el nuevo Dios de este mundo lleno de palabras y susto? Nueva advocación de la virgen de las dos aguas que mecerá al poeta a partir de ahora, un poco cada día, porque mecer al poeta es mecer las nuevas ciudades invisibles que se esconden en los pueblos pequeños. Es la danza de los satélites alrededor de la tierra mayúscula. Y el sonido de la lluvia al horadar la tierra menor.

El poeta se esconde para verla aparecer espléndida, sabe que verla es ver su poema maternizado. Lunaciones. Lobeznos mudos que se ponen la piel de los hombres para que los cabragorriones no los encuentren. Y él en medio de ellos, pidiendo ser amado: ámenme las palabras al menos, las suaves palabras hechas de mar.

Día tres

Todos los satélites están mirando las dos tierras, la mayúscula y la carmelita. Están atentos al despertar del poeta. Pero, no entendemos, el poeta está ya despierto. Doblado sobre sí mismo mira fijamente una estrella blanca, como mismo la virgen de las aguas mansas miraba la realidad y la intimidaba. El poeta no tiene el poder de detener los ciclos, solo de narrarlos. ¡Poeta armado solo de palabras breves! No puede imaginarse a salvo, pero sí puede imaginar nuevas ciudades que otros no pueden ver. ¿Para eso es la estrella, poeta? ¿Para no irte de una vez por el camino hacia adentro, ese que te lleva a una de tus ciudades para no volver?

El blanco siempre ha sido el mejor color. El más completo. El que explica sin palabras. El que solo aparece. Como las vírgenes.

mapa

lentamente he mirado
zorramente
el mapa
el mapa del tesoro
el mapa de la baraja
el mapa del plato
el mapa de la batalla
el mapa de las ciudades y los pueblos
y las aldeas que no aparecen
en el mapa
los mapas con sus colores
amarillos y naranjas
con sus verdes
de pechugas de sinsonte
sus garras de gallo
y pelusas de búfalos
en los claros de agua
lentamente he mirado
los mapas del Mapa
un territorio que no conozco
y que quizás no existe
fuera de la aldea
donde no cae la nieve
y la lluvia cae
con la furia del rayo
he rallado el mapa con mis manos
la fiebre de un lugar
de un sitio a otro
por un camino a otro
se quiebra la carretera
con señales y marcas,
las mismas de mi piel
donde se dibujan otros mapas del cuerpo
se desdibujan el sueño de la niñez

donde las montañas y los lagos
caben en un puño
los mapas son dibujados
en menos tiempo que un desove
manos de runas
papel timbrado
rocas
madera
tatuaje

un mapa donde yo miro
lo que otros ven en la lluvia.

mapa de un lugar desierto:
silueta en territorio.

recién llegado del bosque

Unos cazadores
que viven cerca de mi cabaña
me han traído un recién llegado
de un bosque lejano,
es un pequeño lobezno.

El lobezno no tendrá nombre,
sería demasiado humanizante
para su aullido en la madrugada.
Ha buscado un escondrijo
en el librero donde
tengo los libros de Tolstoi.

Este pequeño recién llegado
me ha mirado a los ojos
pidiendo
le comparta mi sopa de verduras.

He cortado parte de su pelaje,
su ruidoso pelaje de la nieve,
le he puesto un abrigo rojo
de mi niñez,
para recordar esos tiempos
le temíamos a los lobos.

el recién llegado del bosque
se enjuaga la boca con la
lluvia de la mañana
después que se fue a la noche
a la lluvia de la noche
al bosque de la noche de la loca
y calca un error
el ir del bosque a la guerra,
de la guerra a la paz,
que es ir del bosque a la casa.

el recién llegado quiere mi manta
beber mi frío
y con su pelaje
ser mi rosa lila:
es noche en el aullido
a los pies de la chimenea.

enjaulado: tendido en las horquillas

paso por una calle seca
son las tres de una tarde
un amigo desde una bicicleta
me grita cómo estás:
¡enjaulado: tendido en las horquillas!

llego hasta la casa
de la vieja vendedora de tabaco,
y ella con un truco de gata
saca chispa a los ojos
me mira y me dice bajito
¿cómo está el señorito don Pomposo?:
¡enjaulado: tendido en las horquillas!

entro a la taberna
a buscar vino de mangle de la costa
un señor dependiente
vendedor de tickets a la nada
me sonríe gritando cómo estás:
¡enjaulado: tendido en las horquillas!

voy a un mercado de yerbas
y oigo a los mercaderes cantar
un estribillo del oleaje
con el sudor del viento:
todos gritan:
¡enjaulado: tendido en las horquillas!

abro las páginas del diccionario y busco
las palabras
enjaulado
mar
hambre
oscuridad
pasado

pero el libro solo tiene escrito
a lo largo:
¡enjaulado, tendido en las horquillas!

me hago el tatuaje de unas rejas
una reja en el brazo,
una reja de horquillas
mas la tinta se acaba
en un primer momento
y las marcas de las venas
desvían un recuerdo hacia el futuro,
un futuro pasado,
dice mi piel de pronto:
¡enjaulado: tendido en las horquillas!

me doy un buche de aguardiente
frente a la montaña,
el líquido llega del estómago
a la cabeza,
al ritmo del cometa,
y pienso que me he descarrilado
mirando tanto las montañas
la calle
las casas
el mar
y la taberna,
he perdido los barcos
los trenes y el cohete,
y me queda entonces
terminar la botella,
con una mueca de bufón:
¡enjaulado: tendido en las horquillas!

Tienen vida nueva en Puerto Vallarta

Aquí él era vendedor de maní,
Había estudiado Letras Hispánicas en la universidad,
Pero como las tildes
No se colocaban
En su billetera
Tuvo que dedicarse
A sacar dientes de
Leche
A los cochinos.

Palmiche era un caballo.
Ceviche no clamaba.
Avión era un consuelo.

Las lágrimas se colocaban
Un cante hondo en la billetera.

Aquí ella vendía café
En la funeraria.
Si acaso era morirse
No otra cosa que
Un respiro
Del hambre del tiempo.
Ella había estudiado
Matemáticas Puras
Que le servían para calcular
Los muertos en vida,
Ajenos de la siesta del gusano.

Ambos se conocieron
En el velorio de un vendedor de cuchillas,
Ambos criaron,
Se criaron en sancocho,
Diecisiete puercos gordones ministeriales,
Para llenar unos
Pomos boca ancha
De manteca saturna:

Compren pasaje y pongan quinqué.

La cabragorrión

Aquel invierno fue cruento,
Las ovejas se trasquilaron a ellas mismas,
Trasquilaron a los lobos,
Las ovejas se fueron al sexo con unos zorros veloces, y nacieron
Las cabragorriones.

Las cabragorriones
(que heredaron genéricamente
Los peores vicios y mañas de sus padres y de su manada)
Entraron a los graneros,
Y devoraron hasta la
Dignidad del maíz,
                La vergüenza del trigo,
Hasta la generosidad del café.

Los campesinos del valle
decidieron
        Volverse temporalmente
Estatuas de sal:

Las cabragorriones comenzaron a criar unas lenguas de acero

(les sacaban el cerebro de un beso)

(...)

Fue un invierno duro en el valle,
Con los lobos lascivos,
Las ovejas fornicadoras de la miel,
Los hombres y mujeres hechos estatuas de sal,
        Y las cabragorriones:
Queriendo conquistar su nuevo mundo:
Comiendo
        Corazones de sal.

tyrannus de petaka

Las limusinas del cortejo
Van a la velocidad del cocuyo
El no necesita moni en efectivo
Solo en el bolsillo
No le puede faltar
Su ron vaquero
"tyrannus de petaka"
Toma tu ron de turno turno, hurón
Ábrete el cinto
Que tu ron
"tyrannus de petaka"
Abra bien la cintura
Y no quede llaga
Del tabaco en el dedo
Tiempo hubo en la historia
Este ron
Era producción nacional
Ahora los poetas lirones
Toman café y alcohol 90 grados
Y el tiranosaurio
Ya toma su ron "tyrannus de petaka"
Una música se oye en la limusina
Es una ranchera
Cantada por La Odalisca
Y dice:
Mientras tus lagartos
Buscan en la basura
Un fantasma de pan,
Tú, don tiranosaurio,
Bebes de tu petaka
Tu roncito
"tyrannus de petaka"

Jugaban

Jugaban a saltar al agua
Yo fumaba lentamente
Tiraba unas fotos sobre unos tornasoles piedrones,
Aunque palabras duras no han
De ponerse en el poema
Para que la sambumbia
De la mañana
Y la cartera rebuñando ajena
Y los estómagos vibrando sus vacíos
Y el destello de la oscuridad
Esperando un crujido de cuervo tropical
Totíes del enjambre

La gente se tiraba en sus shorcitos
De trucitas de corazones
Sobre los saltos de agua
Y buscaban en la cueva algún
Tesoro
Que sería una botella de ron caro
Olvidaba por alguien
Para así volver a tirarse a más altura
Tirarse sobre las rocas y las algas
Para no recordar
Un mañana venidero
Y durmiera mejor el güije
Que cuidando la cueva
Ponía botellas de vino
Para que las encontraran
Los saltadores
Los saltimbanquis
Los pelagatos
Los tejegatos
Los leopardos
Los metrohormonados
Los cruceros,

En fin,
Los que saltaban sobre un
Agua mansa,
Que siempre estaría despierta
Cada mañana,
En su espuma.

Niño del delirio del vino
Siempre me dio versos de mimbre
Jop jop
Tu boca es una alarma
Para mi cuerpo
Fugaz la mano teje al vientre
Y saltamos al agua
Con azafrán de espumas

Liebre plateada frente al café

Liebre plateada
Sentada en la mañana
Frente al café
El humito del café
Abre una aventura
En tus manos arrugadas
Tus manos manantial
Tus manos nube azul
Y con una pestaña tuya
Pedimos
Siempre haya café
Y fuerza pa los huesos.

Liebre plateada de mi sueño
Estás con tu carne avispada
Dándome el abrazo del mar,
Un abrazo donde puse
Un destino
Mi destino
Tu destino
Nuestro destino
Y la palabra "amor"
Para que la garganta
Sea dulce el grito.

Liebre plateada de mi sueño de café
Tomo tus manos en mis manos
Ver cómo nuestro perro
Asusta a los gorriones del día,
Bandoleros de migajas

Liebre plateada del café,
Y con mis manos en tus canas:
El peine es una fiesta.
El agua de colonia,
El mentol, el talco y los creyones.

Liebre plateada en la mañana,
Un camino en la puerta de metal
Y un abrir de ventanas
Para la luz de Dios.

Liebre plateada en el espejo:
Tu reflejo es un bosque y un lago.
Tus palabras son mi imaginación.

Liebre plateada del caminar lento
Abres los pestillos de los gallos,
Colocas un arete a los peces
Del río de atrás de la casa,
Le haces señales de humo
A las águilas pasajeras.

Liebre de mi café y mi llanto:
Abres los cántaros
Y crujen los cilindros
Para que con tu masticar
Descubras no has mudado la lana.

Liebre plateada de mi abrazo:
La mayor alegría
Es no ser tu jaula,
Y que mis palabras:
Sean la pradera
Para que saltes
Cada mañana frente al café.

Liebre plateada de mi vida:
En un "te amo" está el presente
Y tus uñas rosadas
Y el carmín de tus labios
Que me marca
En la camisa
Una sonrisa.

Liebre plateada:
Tu sonrisa de oveja.

Abuelo en la lluvia

Mi viejo,
No tuve la oportunidad de despedirme
De ti,
Qué falta me haces
Qué falta me hace me lleves
A cortarme el cabello
Qué falta me hagas café
Qué falta me hace
Estar sentado en tu casa
Esperando que llegue la lluvia
Qué falta me hace, abuelo
Mirar tus canas
Qué falta me hace
Abuelo
Que me regañes
Cuando esté demasiado tiempo
En el arroyo
Qué falta me hace, viejito
Pasear en el caballo blanco
De Martí
Qué falta me hace, viejo
Me hagas boniato
Con azúcar
Qué falta me haces
Mi viejo
Verte en el sillón
Dándote tus tragos
Verte reír
Te has ido como la lluvia ha llegado
Estaba en otro mar
Y no pude despedirme
Tú estabas en casa
Y no pude despedirme
Como la lluvia
Mi viejo

Cuídame
Desde donde estés
Mándame siempre la lluvia
Para recordarte
Mi viejito
Estoy en casa
Abuelito
Y espero,
Llegues con la lluvia

23

momentos del café

Esta historia comienza en la madrugada
Es el beso del café en la medianoche,
Nocturna palabra,
Un beso del amante con la boca salobre,
Llega a esa hora de pescar un pargo
Y el salto de la liebre
En una cama que se borra
Luego llegan las sobras del sueño

Esta historia sigue en el amanecer
Cuando el café se despierta
Deseos de ser sol o rocío
De ser gallo o maíz
Ser pájaro o raíz
Ser raíl o tormento

Esta historia sigue de mediodía
Cuando las mujeres de las casas
Cuelan las borras de la cafetera
Esperando lleguemos sus hijos
Al corazón de la tarde

Esta historia termina
Con la última tasa de café
De la tarde
Mientras va cayendo la noche
Y el humo del café
Nos lanza al sueño en el bosque,
Despedimos la tarde
Navegando cucharas:
Sabemos que mañana
Esta historia:
Momentos del café,
Volverá a repetirse.

el carbón de los días

Colocar el triángulo
El carbón del monte
Quiera Dios no llegue la lluvia lenta
Y moje el carbón
Para toser el humo aquí en la casa
Situar el carbón triangular
Avivar una chispa
Un caldero, dos hierros
El fuego azul se despierta
Afilado en el centro
Los amarillos
Los naranjas
Los lilas
Los plateados
Días espesos
Donde los días arden
Se despelleja la herradura
Le da suerte a la casa
Un cuajo de arena
Los bueyes sonríen a la mosca
Cuando el carbón canta sus humos

El carbón de los días
El mangle lo regala
Al pasto de raíces
Al ruido de raíles

El carbón de los días
Sabe arder en el sol
Del jardín, la cloaca, el granero y los ríos
El carbón para el tren:
Ceniza hecha paciencia.

Colocar el triángulo
Avivar el carbón con la penca,
Cómo avivar la vida,
Parir el viento a pulir:
Los soles naranjas del olor
Y la llama azul,
Devuelven la comida.

Los ratones de casa

Los ratones de casa
Son fuentes haciendo nidos
Para abrir la mañana
E irse ellos a dormir
Sin dejarme dormir toda la noche
Los ratones de casa
Se niegan a dejar de hacer música por las paredes
Y roen las migajas
Con un lirio en la cola
Y un estambre por piel
Los ratones de casa
Asustan a la abuela
Asustan a mi hijo
Corroen libros de matemáticas
Cuentas de donde debió caer la estrella
Pero no hubo terrón
Los ratones de casa
Vienen de un río cercano
Y traen las ansias
De pertenecer a la casa
Tornar la casa su castillo
Y abrir galerías en el suelo
Y autopistas por encima de las camas
Los ratones de casa
No se van a ningún lado
Que no sea
La casa en la noche
La casa en la lluvia
Y la casa casi al amanecer
Los ratones de casa
Hacen una pelea a muerte
Con los fantasmas de la casa
Al punto que la noche es la guerra
De los susurros del ratón
Y de los gritos de fantasmas
Y de las quejas de los muertos
Y de las hambres de los vivos
Que son las mismas del ratón.

territorio astur

Caballos desbocados despiden el barco de mi tatarabuela Josefina Sola
en un barco rumbo
Rumbo a esta isla en 1912
Tierra de los sueños del trabajador minero,
Josefina dejó a sus padres y a sus abuelos,
Con la esperanza de poder traerlos al Caribe,
Y nunca los vería más,
Ni tan siquiera una carta tuvo,
Se adelantó en una carreta junto a una familia canaria,
Ahí conoció a su esposo
Y crearon la familia de la familia,
Hasta llegar lo único que se trajo
Una cuchara de cobre de la gran Asturias,
Sincera su bandera de Avilés
Amarilla y azul la ponía junto a
La estrella solitaria,
Ahora de Josefina no queda sino
Polvo flotando en la costa norte,
Y el recuerdo de una foto amarilla
Y la cuchara que guardo como
Trofeo debajo de la cama,
Cómo llegó mi tatarabuela a estas tierras de las costas,
Recordando cada tarde en el punto guajiro a las gaitas de su tierra,
Qué sintió mi abuela al comprender que nunca volvería a su tierra minera,
Y hubo de arar bueyes,
Sembrar arroz,
Mi tatarabuelita con sus zetas
Y su hábito de curarse los catarros con agua y sal,
Cómo sintió mi tatarabuela que nunca regresaría a la Covadonga,
Y ahora sería devota de la Caridad del Cobre,
Cómo sintió mi abuela que esta, ahora, era su tierra,
Con su cuchara de cobre recuerdo de sus abuelos,
Recuerdo ahora de un navío.

Miles de lágrimas se agolpan en el pecho:
Ha quedado una cuchara de cobre de recuerdo.

secuestrado por el Poema

El poema ha llegado de pronto,
Afiebrado,
Era pleno día
Plena sorpresa en pleno corazón.
Yo venía de ordeñar mi oveja
La oveja de mi amigo el Principito
Y el poema me apuntó al pecho,
Me dijo: esto es un secuestro,
No muevas las manos,
Sácale todos los versos
A las manos,
No muevas el corazón,
Vierte todos los latidos en versos
No muevas el estómago,
Dame los versos ácidos del hambre
No muevas la boca
Sácate todos los versos de la lengua
No ondees tu deseo
Sácate todos los versos de tu Deseo.

El poema secuestrador
Me dijo:
Quedas así secuestrado por mi persona,
Secuestrado en mis manos de Poema:
Me dijo:
Mantén el cuerpo en movimiento
Y vas a pagarme tu respiro con versos.
A nadie hay que avisarle.

(El Poema secuestrador
Tenía los ojos afiebrados)

la corona de Basquiat

Ángeles desde Haití
Llegan a un idioma de New York
Ángeles de coronas
Y lirios sedimentos

Embarrar el pulover
Con la tinta
¡Esos besos de Warhol!

Qué sintió Basquiat
En el último momento
Cuando se apagaba la luz
Y no había una montaña de
Puerto Rico materno
Para aferrarse
Un abrazo a la madre
Un abrazo al padre
Un abrazo al novio
Un beso a la novia
Qué sintió Jean Michel Basquiat
Cuando vio la fama
Era un lago de fantasma
En el que se hundía
Con cada dinero
Bolsillo de oveja
Esas coronas que pintaba
Qué eran esas coronas
A dónde iban esas coronas
Esas calaveras y esas palabras tachadas

Esas coronas de sus puntas
En un sillón prefería pintar
Y abrir con los colores
Una danza lenta

¿Dónde están ahora
Esas coronas de sus cuadros?

¿Dónde está el brillo de su pelo?

¿De qué sirve la piel para el conjuro
De una mirada?

La taberna

Una música de órgano oriental
Escucho adormilado desde la almohada
Los viejos con sus dados y sus muletas
Me saludan desde un paredón
De minutos y dados
Los más jóvenes están en el corazón de la taberna
viendo una muchacha con un vestido amarillo
bailar en redondo,
Mientras chocan sus copas de ubres,
Encienden un motor
Se escapan besos por dentro de las portañuelas
La uña de la muchacha raspa las trece barbas del corazón
De los más viejos
Que en los huesos de la taberna juran
El tren aquí es un río de espuma
El agua que corre las piernas
De la montaña se cruza con mi sueño

Me imagino yo, sirviendo las copas.

El lobo adentro

Todos los hielos,
Llevan un lobo adentro.
Se dibuja en la sangre.
Saben bailar con el mar nuestro.

En otro barco puse tu pelaje,
En mis bolsillos tus mordidas.
En mis cejas, tus uñas.
Tu boca era mi boca rosa.

Dentro de la noche del sueño,
Llegas dibujando mi manada.
Cubres la estepa,
Reinas en el marabuzal.

Lobo de mis cejas, mi vino
Y el fermento de mi hígado.
Lobo que me cabes en el estómago.
Entra a mi madriguera.

En una herida tienes puestas mis manos.
Sabes morder mi alma.
Sabes sanar herida rosada.
Sabes, sabes, creces adentro.

Lobo que ahora duermes en mí,
Ven por la autopista de mi sangre,
Para en la estación de mis huesos:
Echemos a correr,
Desde el aullido.

Dormido sobre una lengua de vaca

A Virgilio Piñera, en su cumpleaños.

Dormido en una lengua de siete rayos
Despierto sobre una lengua de vaca
Anulado y sin anillos
Sin pantalla high definition
Mordisqueado por un ratón aéreo.

Traducido desde lo umbilical
Abierto al verso a la deriva
Llovido en marabú
Enrejado en un ruchi-mio-miau

Sin aspirar a la ranura de la suerte
En el despalillo de una burbuja
Sentenciado por una línea dura
Abierto al laberinto de miradas,
Al torbellino de los tocamientos

Descolocado en la grafía
Sin jirafas que amamantar
Ni cordero que amordazar
Ni tan siquiera la cresta del navío

Despierto sobre una lengua de vaca
Enternecido en la mordedura
Del navío terrenal, la jícara y el ají guaguao

Con el Boquete de la orquídea
Y el aspaviento del tablero
Vertiendo el líquido en el líquen
Abrevadero de los culos que se van en mercurio:
(con tu tacón jorobado)
Despierto sobre una lengua de vaca.

Vino de lobos

Los lobos de la Columbia británica
Se han adaptado a comer
Los mejillones de las olas
Rasparse en sal

Estos lobos grises
Se niegan a fecundar
Con perros venaderos
Y en esto les va la vida
Estirpe de lobo gris,
Heredera de una sangre del fondo

Nadan de isla en isla,
Pasar un año dentro del mar,
El otro es a dormir,
El otro a hacer el fuego en la costa,
El otro a abrir los mejillones
Almejas almendras ostras
Estrellas de mar
Abrirlas con sus uñas incrustadas en algas.

Toman buen vino de mangle
Los lobos grises

un juguete del tiempo

Tuve un payaso de madera con cuatro,
Le ponía el termómetro,
Le hacía comer del dulce de coco
A mi payaso Rumanía
Me decía mi madre,
(Los niños que se coman la comida
Van a ir a Rumanía a ser los dueños
De la fábrica de payasos,
Me decía ella).

Yo insistía en que mi payaso Rumania se comiera mi plato de puré
Y bailara cerca de un marpacífico.

Siempre puse a dormir este juguete
En los avioncitos plásticos,
Tanques nunca tuve,
Soldaditos sí.

Latido en noche tibia

Abrígate bien, Heiner Müller.
Esta noche tus hermanos pueden derrumbar una alambrada.
Por aquí no hay un mar,
Es uno de concretas palabras,
Así que mejor escribes un poema
Y bebes tu pedazo de queso de cabra.

Abrígate bien, Heiner Müller,
Nadie va a venir a decirte de que está hecha la luna.
Los prisioneros de sus casas, de sus rejas, de su cabeza y su tinta,
En su rutina nadan. Muchos ya han cruzado
Las alambradas, pero tú,
Heiner Müller, abrígate bien,
Te has quedado en tu casa con
Tu trozo de queso de cabra,
Te has quedado para ser un testigo
De la palabra "noche".

Por la madrugada los autos desorbitados vigilan tu casa,
quieren entrar en su sueño,
En tu lámpara, en tu garganta,
En tu agua, en tu zapato, taparse con tu misma manta,
Pero no comprenden tu frío,
Para si quisiera alguno meterte
Un balazo en el corazón;
Luego ir a la taberna a beber unos rones.

Abrígate bien, Heiner Müller,
Que ha comenzado
La noche en el invierno de Alemania,
Y ya sabes, Heiner,
La noche aquí
Tiene un latido tibio.

Los días van pasando

Dijo el poeta para algunos serán
Los grandes días, los días de caída,
Alzar el vuelo y naufragar si acaso

Dijo el poeta para algunos
Será el día de montarse en un tren
Y no regresar nunca a la aldea,
Mientras que para otros
Será un día igual en sus ritos y sombras,
La ida en la mañana de la noche,
El alarido del relumbre al mediodía,
Lo testarudo de las tardes,
El abrigar la estrella en plena noche

Dijo el poeta para algunos será
El último día, el primero,
El que más brilla,
El día dilatado,
El día que el gallo cayó muerto del cansancio del día,
Y no pudo despertar a la aldea al despuntar.

Para algunos será el primer día de un amor,
Chocador de copas,
Aniquilador de rebaños,
Bruñiente de un relámpago.

Dijo el poeta,
Para mí este día
Será un día
En el verso.

Mochito de cigarro

Mamá
Tiene
Mochito
De cigarro
Mamá
Quiere
Darme
Mochito de cigarro
Yo le digo
Mamá Inés
Fúmese su mochito
Que yo fumo
Cabo
De tabaco
Guapo
Guapeo
Y recojo cabo
De funeraria
Y terminal
Drume mi negro
Cabo de tabaco
Del altar
De la calle
De la Vida
"bañen al perro"
Dice mamá
Con el
Mochito de cigarro
En la boca
"el perro
Huele
A mofetas"

"no quiero
Fumar
Con olor
A mofetas
En la casa"
Mi mochito
En la casa.
Mamá.
Mochito.
Yo.
El perro.
Drume, mi negro.

abuela en sus manos

Abuela, en sus manos,
Que no falte un poco de mentol
Abuela, en sus manos
Que no falte el mentol para su pecho
Abuela, en sus manos
Que no falte un pedazo de pan
Abuela, en sus manos
Que no falte un vaso de leche
Abuela, en sus manos
Que no falte la alegría de un beso
Abuela, en sus manos
Que no falte el mentol para su pecho
Abuela, en sus manos
Que no falte un café
Y el ruido de las aves
Que devoran
Los perros que hemos amado
Y con los que hemos compartido la comida
Abuela, en sus manos
Que no falte la fe
Porque acabe la guerra
Y el odio entre hermanos
Y la mordida de la espina a la flor
Abuela, entre sus manos
Que no falten los cuentos para dormir la música de la gaita de su niñez
Abuela, entre sus manos
Que no falte el sonido del agua santa de la mañana
Abuela, entre sus manos
Que no falte el abrigo
Para los días en que despedimos los tíos en la costa
Abuela, entre sus manos
Que no falte la sal para espantar los sapos
Abuela, entre sus manos
Que no falte la espera
Para ver a sus nietos regresar

Abuela, que entre sus manos
No falte la resignación de enterrar a su hija pequeña
Abuela, entre sus manos
Que no falte el mentol
Para darme fricciones y consejos.

El criador de halcones

Perdido en un ayer
En un futuro pasado,
Residuos del invierno,
Junto al mar solíamos amarnos sin control

No importa lo pasado,
Nunca más regresarás,
Parte de mi vida soy yo:
Tú eres el criador de halcones de mis versos

Parte de mi vida,
Águila no caza moscas,
Creyendo mentiras
Elevando un alma a las alturas
Se van por el tragante de las nubes
Mentiras
Que el halcón
Mira desde la altura
Solo los lobos comparables

Tú eres el criador de moscas:
Mis versos ojos:
Yo soy el criador de halcones.
Los amamanto con mercurio
Y sangre de mi sangre,
Les doy poemas de Bukowski
Y una malla para caer de rebote
En la resaca de un domingo.

Tú eres el ave que es doméstica
En la montaña
Y cruel con los gorriones del parque.

Pero ya no hay vuelta atrás:
Ahora soy el criador de halcones
Y se me olvidó tu jaula
De la mentira, el juego y el verso verde.

Yo soy el criador de halcones:
Resguarda tus palomas
Que le he afilado las garras a mis crías,
Y arrancan las estrofas de cuajo.

Índice

05 - Algunas estrellas tienen más de cinco puntas
09 - mapa
11 - recién llegado del bosque
12 - enjaulado: tendido en horquillas
14 - Tienen una vida en Puerto Vallarta
15 - La cabragorrión
16 - Tyrannus de petaka
17 - Jugaban
19 - Liebre plateada frente al café
23 - Abuelo en la lluvia
25 - momentos del café
26 - el carbón de los días
27 - Los ratones de casa
28 - territorio astur
29 - secuestrado por el poema
31 - la corona de Basquiat
33 - La taberna
35 - El lobo adentro
36 - Dormido sobre la lengua de vaca
37 - Vino de lobos
38 - un juguete del tiempo
39 - Latido en noche tibia
40 - Los días van pasando
41 - Mochito de cigarro
42 - Abuela en sus manos
45 - El criador de halcones

Marien Fernández Castillo es una fuerza de la naturaleza. Así se sintió en su natal Yaguajay cuando, en la mañana del 10 de agosto de 1982, le nació al pueblo un poeta. Marien abrió los ojos y empezó a meter cosas dentro, sin esperar, sin pedir permiso, sin tomar aire siquiera. Cosas de todos los tamaños y colores para el morral de sus ojos, morral desorbitado. En frente suyo tenía al Sol. El primer hogar que recuerda estaba situado sobre un antiguo basurero. Marien jugaba con chapillas y cristales antiguos. El lugar estaba lleno de cedros y, cuando los cortaron, se convirtieron en su flota de barcos. Desde entonces, Marien se convirtió en capitán en cubierta y sigue allí, comandando a sus personajes, y a sí mismo, más allá de las grandes aguas. Su persona favorita en el mundo es su abuela Oleida, de la que aprendió todo lo necesario hasta salir al mundo. Y el nombre del mundo fue La Habana. Estudió en la Universidad de las Artes de Cuba, del 2005 al 2010, cinco años. Su obra de graduación se llamó Textral del arte efímero, la misma que decidió regalar a los Acuartelados de San Isidro en noviembre de 2020. «Si vamos a ser desechados por el sistema, soñemos juntos».

Sus planes diarios son simples: «Hoy es una tarde que yo quiero leer un poco, después darme un baño, no muy tarde porque hoy hace frialdad… tal vez me haga un poco de té, pues tengo algunos tés y un poco de café… creo que necesito escribir algunos poemas hoy, lo haré antes de irme a la casa a llenar los tanques, que toca el agua». Marien ha vuelto a su pueblo en el campo, desde allí sigue soñando La Habana en cada ciudad imaginada y en cada amigo que se va para no volver. Soñando La Habana y el amor. Soñando La Habana y la libertad.

Este libro realizado con el apoyo del Observatorio de Derechos Culturales constituye el primero del catálogo de Veril Ediciones. 2025.

www.ingramcontent.com/pod-product-compliance
Lightning Source LLC
Chambersburg PA
CBHW042014150426
43196CB00002B/41